ARSÈNE HOUSSAYE

PARIS. — Typ. LACOUR, rue Soufflot, 18.

A. HOUSSAYE

LES CONTEMPORAINS

ARSÈNE HOUSSAYE

PAR

EUGÈNE DE MIRECOURT

PARIS
GUSTAVE HAVARD ÉDITEUR
15, RUE GUÉNÉGAUD, 15
L'Auteur et l'Éditeur se réservent tout droit de reproduction
1856

ARSÈNE HOUSSAYE

Nous avons écrit l'histoire de Gérard de Nerval et de Théophile Gautier.

Vient aujourd'hui le tour de leur frère en poésie, du charmant fantaisiste auquel notre littérature moderne doit tant de pages gracieuses.

Arsène Houssaye est né dans le département de l'Aisne, le 28 mars 1815, d'une famille d'agriculteurs, qui pourrait au besoin, sous la charrue, retrouver de vieux et authentiques parchemins.

Le directeur de la Comédie-Française a le droit, si bon lui semble, de s'intituler comte de Montbérault et de porter de gueules, à deux fasces d'or, avec trois têtes de dragon d'argent languées d'or, rangées et posées entre les deux fasces[1].

A l'époque de la seconde invasion des troupes alliées, un régiment russe cantonnait à Bruyères.

D'aimables officiers d'Alexandre faillirent tuer Arsène, à l'âge de cinq mois, en condamnant sa mère, qui le nourrissait, à une valse forcée de plus de deux heures.

[1] Voir l'*Armorial général* de d'Hozier, tome II, 2ᵉ partie, folio 1158. Le nom de famille s'écrit indifféremment *Houssaye* ou *Houssel*.

Elle dut danser quand même avec ses sœurs et ses cousines, pendant que son mari, retenu sur une estrade improvisée par deux robustes cosaques armés du knout, se voyait contraint de jouer du violon.

Nous empruntons à un livre d'Arsène Houssaye quelques détails sur son enfance.

« J'étais bien jeune encore, dit-il, quand je descendis ma chère montagne, couronnée de bruyères roses et de genêts jaunes, tout étoilée de marguerites et d'églantines, toute chargée sur le flanc de vignes généreuses aux beaux tons d'or et de pourpre.

« On avait jugé que l'étude était impossible à la maison paternelle, grande ruche en travail, vraie cité ouvrière.

« Mon père m'avait d'abord envoyé chez son père, autre maison bruyante où l'on travaillait peu, mais où l'on s'amusait beaucoup.

C'étaient tous les jours des repas homériques, de gaies processions de bouteilles qui chantaient la chanson de l'hospitalité, des veillées où l'on contait, où l'on jouait, où l'on dansait et où l'on soupait.

« J'aimais mieux l'intérieur plus reposé, plus simple, presque pauvre, de mon grand-père maternel, qui habitait au beau milieu de Bruyères[1]. »

Ce grand-père maternel était un ancien sans-culotte, sculpteur sur bois, et petit-cousin de Condorcet.

Il avait gouverné la ville, au bon temps de Saint-Just et de Maximilien

Par un hasard étrange et presque inexplicable, au cœur même de notre nationalité, à deux pas de l'Ile de France, une commune picarde, émancipée sous

---

[1] *Voyage à ma fenêtre*, page 306 (Victor Lecou, éditeur).

Philippe-Auguste, avait conservé tous ses priviléges, toutes ses franchises[1], et 93 la trouva peuplée de républicains de premier choix, auxquels les Robespierre et les Danton n'avaient plus rien à apprendre.

Ni le passage radieux du météore impérial, ni la réinstallation de la monarchie légitime ne purent changer les sentiments de l'ex-commissaire de la république.

Il éleva son petit-fils dans les prin-

---

[1] Bruyères exerçait le droit de haute et basse justice. On y condamnait à mort. Depuis des siècles, elle restait parfaitement indépendante derrière ses tours et ses remparts, ne subissant le joug d'aucun seigneur et bravant tous les châteaux voisins. Abeilard y demeura longtemps. Tous les matins il allait à Laon tenir son école, et revenait le soir à Bruyères.

cipes les plus larges de l'indépendance et dans la haine des tyrans.

« C'était, du reste, un fort honnête homme, estimé de tout le monde, continue l'auteur du *Voyage à ma fenêtre*, même de mon grand-père paternel, dont il avait pris violemment l'autorité en 1789 ; car tous les deux s'étaient succédé au gouvernail de Bruyères pendant le flux et le reflux de l'opinion républicaine et royaliste[1]. »

Arsène trouva dans la bibliothèque de son aïeul les œuvres de Voltaire et de Jean-Jacques.

Mais elles lui semblèrent trop longues; il n'osa point en commencer la lecture, paresse heureuse qui permit à son esprit et à son cœur de se développer

---

[1] L'administration municipale est restée presque toujours, depuis cette époque, entre les mains de la famille Houssaye.

en dehors de l'étranglement philosophique.

De son aveu même, Arsène était un assez joli vaurien, toujours prêt à rire au nez de ses maîtres, et donnant au jeu une préférence très-marquée sur l'étude.

« L'école, dit-il, renfermait environ quatre-vingts drôles, plus décidés à secouer l'arbre du prochain que l'arbre de la science.

« Cette petite armée, répandue par les champs ou par la ville, commettait des dégâts sans nombre. On jouait avec beaucoup d'héroïsme à représenter Fra Diavolo et sa bande. Si je n'étais pas le chef, j'étais un des capitaines toujours obéis, parce que mon grand-père était maire et qu'il possédait de vastes jardins que nous prenions d'assaut.

« Parmi nos dégâts, il en est un que je voudrais pouvoir racheter par quelque pénitence cénobitique.

« La vieille église avait encore, en 1825, les plus beaux vitraux gothiques qui restassent dans le pays. Un soir, que nous ne savions plus où jeter nos cailloux, nous eûmes l'impiété (double impiété, puisque nous outragions à la fois l'art et la religion) de les lancer dans les pieux personnages de la Passion.

« Croira-t-on que cet acte de vandalisme ne fut pas puni ?

« On trouva dans la ville que nous avions eu raison d'abattre ces vieilleries ; on se réjouissait déjà d'avoir de belles vitres claires. Peu s'en fallut qu'on nous votât une récompense publique. Le curé lui-même ne vit là qu'une gaminerie sans conséquence.

Mais tout à coup à cette dissipation folle succéda chez Arsène une sorte de recueillement solennel.

Il s'enferma, du matin au soir, dans la bibliothèque de son aïeul, non qu'il eût pris goût subitement aux œuvres du philosophe de Ferney ou à celles de Jean-Jacques. Un tout petit volume, imprimé en 1752, avec approbation et privilége du roi, chez Prault père, quai de Gèvres, était la cause unique du changement qui se remarquait dans ses habitudes et dans son caractère.

On craignait qu'il ne fût malade, il devenait tout simplement poëte.

Le volume dont il avait fait la découverte était intitulé : *Recueil des plus belles pièces des poëtes français, depuis Villon jusqu'à Benserade.*

Arsène emportait avec lui partout ce cher volume, dans ses promenades au bois, dans ses courses le long des prés ou sur la montagne. il apprenait par cœur un sonnet de Théophile, une ballade de

Brebeuf ou une épître de Boisrobert.

> Oh! j'aime ce marais paisible!
> Il est tout bordé d'aliziers,
> D'aulnes, de saules et d'oziers,
> A qui le fer n'est point nuisible.
> Les nymphes, y cherchant le frais,
> S'y viennent fournir de quenouilles,
> De pipeaux, de joncs et de glais,
> Où l'on voit sauter les grenouilles.

— Que diable me racontes-tu là? dit à notre adolescent le maître d'école de Bruyères. Ce n'est point, j'imagine, ta leçon de syntaxe?

— Non; c'est une strophe de Saint-Amant, répondit Arsène.

— Saint-Amant, qu'est-ce que Saint-Amant?

L'admirateur des vieux poëtes haussa les épaules. Il déclara de la façon la plus nette à son maître qu'il n'apprendrait dorénavant que des vers. Ce dernier se le tint pour dit. Jamais, depuis lors, il ne s'avisa de le contraindre à d'autres exercices de mémoire.

C'était un homme de cinquante ans, qui chantait à l'église et buvait au cabaret à *pleine gueule,* comme disait sa femme. »

Il tenait beaucoup à ses honoraires de chaque mois, vu qu'ils lui permettaient de caresser la dive bouteille ; mais, de l'instruction de ses élèves, il s'en inquiétait peu.

Arsène Houssaye lui en a toujours su gré.

« Je vous remercie, ô mon premier maître, pour ce que vous ne m'avez pas appris : la géographie qui rapetisse le monde, l'histoire qui le déshonore, la philosophie qui doute de Dieu! Je vous remercie d'avoir éloigné de mes lèvres cette coupe amère de la science qui est faite comme le tonneau des Danaïdes. On y verse toutes ses larmes, elle ne s'emplit jamais. ».

A force de lire les poëtes, l'imagination s'exalte; le cœur chante, et le premier amour s'éveille dans les bras des jeunes illusions, qui le bercent et le font grandir.

Notre héros eut, à quinze ans, une amoureuse, dont il célébra les grâces naïves et la douce beauté.

Mais, hélas! il en fut bientôt séparé par la mort...

> Elle mourut! que de larmes amères!
> Elle mourut au soleil du matin,
> En respirant la rosée et le thym.
> Son âme au ciel emporta nos chimères.
>
> Le lendemain, ses compagnes en deuil
> Portaient son corps de neige au cimetière;

Moi, j'étais seul, sans larme et sans prière,
Dans le moulin[1] comme au fond d'un cercueil.

Je te saisis, violon triste et tendre,
Et le doux air que Cécile aimait tant,
Je le jouai, le cœur tout palpitant :
Son âme sainte a passé pour l'entendre.

Je le jouai ; mais, au dernier accent,
Mon cœur bondit comme un daim qui se blesse.
Je me perdis si loin dans ma tristesse,
Que je brisai mon violon gémissant.

Perle d'amour, à ce monde ravie,
Au sein des mers je t'ai cherchée en vain ;
Et je n'ai plus de mon bonheur divin,
Qu'un souvenir : c'est la fleur de ma vie.

Gérard de Nerval pleura toujours son Adrienne, Arsène Houssaye a pleuré longtemps Cécile. O saintes larmes de l'amour, c'est vous qui faites les poëtes !

Si l'image de Dieu sur la terre est visible,
C'est sur le front rêveur des filles de vingt ans,

[1] Le père d'Arsène Houssaye avait fait construire un moulin, près de sa ferme.

Qui ne savent encor lire que dans la Bible
Et n'ont que de l'azur dans leurs yeux éclatants

La fraise qui rougit et tombe sur la mousse,
La pêche mûrissant sur l'espalier qui rit,
N'ont pas de tons plus vifs ni de senteur plus douce
Que la double colline où mon amour fleurit.

La grenade qui s'ouvre aux soleils d'Italie
N'est pas si gaie encore à mes yeux enchantés
Que la lèvre entr'ouverte, ô ma belle folie!
Où je bois à longs flots le vin des voluptés.

J'ai reposé mon front sur ton épaule nue
Faite du marbre pris à Vénus Astarté;
Et, comme on voit le ciel au travers de la nue,
J'ai vu ton âme bleue éclairer ta beauté.

Bien mieux que l'aube rose annonçant la lumière,
Tu m'as ouvert le ciel en répandant sur moi
Le blond rayonnement de ta beauté première :
Je ne voyais pas Dieu ; mais je te voyais, toi!

La biche qui s'enfuit à travers la ramée
Quand elle entend au bois la chasse et ses grands bruits,
Ne court pas aussi vite, ô pâle bien-aimée!
Que mes désirs courant à ta branche de fruits.

Arsène était adoré de sa mère, et

celle-ci, de complicité avec l'aïeul républicain, le gâtait en cédant à tous ses caprices.

Mais le chef de la famille, homme à l'œil sévère, aux résolutions inflexibles, voyait les abus et les déracinait violemment d'un coup de son sceptre domestique.

Sachant que son fils aîné s'exerçait à la rime, il entra dans une épouvantable colère et lui ordonna de renoncer à tout jamais aux Muses.

Quand on a gravi le Parnasse, on ne se décide pas aisément à en descendre.

Arsène Houssaye, d'ailleurs, élevé par son grand père dans un système d'émancipation complet, ne comprenait aucun despotisme, pas même celui qui repose sur les lois de famille. Naturellement doux et calme, sa résistance n'était jamais directe. Il pliait, comme un roseau, sous le vent du courroux paternel ; mais c'était le roseau pensant de Pascal, il se redressait après l'orage, et la rime n'y perdait rien.

Le roi de la maison surprit, un jour, des vers fraîchement éclos sous la plume d'Arsène.

Ce ne fut plus seulement alors un orage, ce fut une tempête. De la cave au grenier le logis trembla. Toutes les poésies de notre héros, fugitives ou non, devinrent la proie des flammes.

Avec les vers on brûla les livres.

Théophile, Brébeuf, Saint-Amant furent rôtis sans miséricorde, et, — pourrat-on le croire?—La Fontaine, et le grand Poquelin lui-même ne purent trouver grâce aux yeux de M. Houssaye père.

Jamais on ne vit pareil auto-da-fé de poëtes.

Arsène est relégué dans sa chambre entre le *Traité des équations algébriques* de Bezout et l'*Art de penser* de Condillac. On a soin de lui enlever plume et encre, afin que la tentation de la rime ne vienne point le distraire dans les graves études auxquelles on veut l'astreindre.

La position n'est plus tenable.

Voyant qu'on ferme sur lui la porte de sa chambre à double tour, il décampe par la fenêtre.

Ses deux grands-pères lui ouvrent

leur bourse, et voilà notre poëte en route pour Paris, où il compte rimer en pleine liberté.

Nous avons oublié de dire que, huit jours auparavant, des artistes nomades étaient venus jouer la comédie à Bruyères.

L'ingénue de la troupe avait en scène un minois raisonnablement candide, par les charmes duquel Arsène fut d'autant plus séduit, que le visage de la comédienne lui rappelait la beauté de Cécile.

Revenu du spectacle, il eut hâte de composer des tercets en l'honneur de celle qui faisait revivre l'image de son amie défunte.

Or, ce fut précisément ces tercets-là mêmes qui tombèrent sous l'œil paternel.

Arsène en fuite avait oublié son ingénue, lorsque le hasard, qui se mêle des choses de ce monde beaucoup plus qu'il n'est parfois nécessaire, fit rencontrer dans la voiture de Soissons à Cœuvres le poëte et la comédienne.

Œillades adroites d'une part, souvenir et faiblesse de l'autre; et voilà notre héros en train d'ajouter une page de plus au *Roman comique*.

Il reste affilié, huit jours durant, à cette troupe de cabotins, se promène à Cœuvres, sous les ombrages du château de Gabrielle, avec Cécile ressuscitée, monte en croupe sur le dos de l'illusion, suit la belle de bourgade en bourgade, commence à craindre à Villers-Cotterets qu'elle ne soit ingénue qu'au théâtre, et reconnaît définitivement à Château-Thierry qu'il s'est encanaillé.

Le traître de mélodrame le contraint à payer double écot dans les auberges, la queue rouge le triche au jeu, et le père noble lui emprunte régulièrement dix francs par jour.

Au vide de son gousset, le poëte comprend qu'il doit laisser à d'autres le soin d'achever l'œuvre de Scarron.

Sans faire ses adieux à la troupe, il se jette dans la première voiture qui se dirige vers la capitale.

Un de ses voisins du coupé, prévenu par sa bonne mine, entame presque aussitôt avec lui le dialogue suivant :

— Vous allez à Paris ?
— Je vais à Paris, répond Arsène.

— Pour la première fois sans doute ?

— Oui, monsieur.

— Sans indiscrétion, puis-je demander ce que vous y allez faire ?

— Des livres.

— Ah ! vraiment ! L'époque est favorable aux jeunes écrivains. Mais connaissez-vous quelques-uns des hauts bonnets de la littérature ?

— Mon Dieu, non, je ne connais personne.

— En ce cas, remerciez la Providence qui me jette sur votre route. Je suis l'ami de Béranger ; Casimir Delavigne est un de mes vieux condisciples, et je dîne une fois la semaine à la place Royale chez Victor Hugo. Ce sont là de véritables princes littéraires. Les voulez-vous pour protecteurs ?

— Oh ! s'écria le jeune homme, si vous me présentez à Victor Hugo surtout, je vous jure une reconnaissance éternelle !

— Bien. Nous parlerons de reconnaissance plus tard. Voici mon adresse à Paris... c'est-à-dire une de mes adresses. Je possède sur le boulevard un hôtel splendide où je ne descendrai pas d'abord. Il faut, pour des motifs graves, que mon retour soit ignoré. Des chagrins domestiques, monsieur ! Une femme, une malheureuse femme qui trahit ma confiance !... Mais assez là-dessus, causons de votre avenir.

On était monté en voiture à sept heures du soir ; le lendemain, au petit jour, nos voyageurs arrivaient à Paris.

— Je vais rôder aux environs de mon hôtel, dit le camarade de classe de Casimir Delavigne. Vous comprenez? je cherche des preuves, des preuves écrasantes, qui me permettent de traîner la misérable devant la justice. N'arrêtez pas de logement. Venez dans une heure, à l'adresse que je vous ai donnée. Nous déjeunerons ensemble.

Arsène flâne quarante minutes dans la cour des Messageries royales, prend ensuite un fiacre, y fait charger ses bagages et donne ordre au cocher de le conduire rue de la Montagne-Sainte-Geneviève. Là se trouve le second domicile du convive hebdomadaire de Victor Hugo.

Notre jeune poëte arrive devant une

maison noire, d'apparence fort suspecte...

Inquiet, et n'ayant dans son compagnon de voiture qu'une confiance restreinte, il va passer outre. Mais il songe qu'il est parti de Bruyères sans passeport, et que le secours de cet homme lui est indispensable pour être reçu dans un hôtel.

En conséquence il se résigne, monte cent trente marches, se trouve sur un palier sordide, entend des cris mêlés à des jurons, pousse une porte, et tombe des nues, en apercevant l'ami de Béranger qui rosse d'importance une Lisette de bas étage.

Le costume un peu simple de la demoiselle prouve qu'elle est descendue de son lit pour entrer en explication avec le voyageur.

— Ah! c'est vous! dit le condisciple du père des *Vêpres siciliennes*. Désolé de vous rendre témoin d'une pareille scène! Mais je suis voué au malheur. Perfidie, abomination partout!... Je viens de trouver madame.... Enfin, c'est la destinée! Dirigeons-nous vers les côtelettes.

Il saisit le bras du jeune homme, et l'entraîne loin de la donzelle qui rajuste son chignon.

Quelques lignes d'excuse et deux mots de précautions oratoires eussent été indispensables, avant de nous aventurer dans ces anecdotes, que notre devoir d'historien nous oblige à raconter, mais qui embarrassent beaucoup notre plume scrupuleuse.

Nous supplions le lecteur de bien comprendre la situation et de nous en tenir compte.

Arsène commence à regarder de travers ce monsieur qui a deux logements, deux femmes, et qui se plaint de deux trahisons.

— Il est impossible, dit-il, que je traîne mes bagages avec moi plus longtemps. Où vais-je loger?

— Tout près d'ici, répond son guide, à l'hôtel de Malte [1].

Or, cet hôtel avait, depuis cinq ou

---

[1] Placé Cambrai, dans le voisinage du collége de France, et non loin de la cour de Saint-Jean-de-Latran, dite seconde Cour des Miracles, aujourd'hui démolie.

six jours, une spécialité lugubre. Tout le monde y mourait du choléra.

Le maître de la maison dit à Arsène :

— Voici la clé des appartements. Installez-vous ; prenez tout un étage, et habitez-le pour rien, si bon vous semble.

C'était le 17 avril 1832. Paris avait enterré, la veille, dix-huit cents victimes du fléau. Dans l'hôtel de Malte seul, quarante-huit personnes étaient mortes en une semaine. Il n'y restait, pour unique locataire, qu'un jeune Hollandais, appelé Paul Vandel Heyl, qui arriva sous le péristyle, au moment où Arsène effrayé se préparait à chercher ailleurs un logement moins sinistre.

— Vous auriez tort de partir, monsieur, dit le locataire, dont la figure souriante semblait défier tous les pâles fantômes de l'épidémie. Restez dans cette maison. La mort croit qu'il n'y a plus personne.

— Bah! Soyons braves, dit l'ami des écrivains célèbres, et laissons nos malles!

Il fit descendre la rue Saint-Jacques à Arsène, traversa le Petit-Pont, et le conduisit dans la Cité, par la rue aux Fèves.

C'était déjà un chapitre des *Mystères de Paris*.

Houssaye, en quittant l'hôtel, n'avait pas remarqué cette phrase de son guide : *Laissons nos malles!* Elle avait cependant, comme on va le voir, une signification très-périlleuse dans la bouche du personnage.

— Eh! dit Arsène, où diable me conduisez-vous ? Je n'entre pas dans cet enfer.

— Vous êtes tout neuf à Paris, et vous ne connaissez pas les bons endroits, dit l'homme aux deux domiciles. Béranger déjeune ici très-souvent. S'il vient, vous lierez connaissance.

Le poussant aussitôt dans un corridor obscur, il ouvre la porte d'une espèce de taverne immonde, dont les parois suintent la débauche et le vin cuvé.

— Des huîtres! du châblis! des côtelettes! crie l'homme, et priez ces dames de descendre.

— Ces dames... que voulez-vous dire? murmure Arsène confondu.

— Tiens! est-ce que cela vous épouvante? Au lieu de me remercier, vous faites là une jolie figure ! Ici même, entendez-vous ? à cette table, le chantre de madame Grégoire a écrit ses plus joyeux couplets.

— Allons donc ! s'écrie le jeune homme. Adieu, je ne vois ici ni le Parnasse ni les muses.

— Quoi ! vous partez ? Si vous retrouvez l'hôtel, je veux être pendu !

Notre héros ne l'écoute point.

Deux commensales débraillées se montrent au fond du bouge, et leur présence ne fait qu'activer sa fuite. Il n'était pas fâché, d'ailleurs, de briser là avec son compagnon de route.

Voilà donc notre poëte rôdant incertain dans le dédale fangeux des rues.

multiples qui composaient alors ce coin de la Cité.

Croyant se retrouver aisément, il se désoriente, prend une rive de la Seine pour l'autre, passe, repasse les ponts, et se trouve, au bout de deux heures de marche, après avoir tourné vingt fois dans le même cercle, à la porte de la préfecture de police, où deux agents, qui traînent un homme au collet, attirent l'attention des passants et la sienne.

Ô surprise ! le personnage arrêté par les sergents de ville n'est rien autre que l'ami de Béranger, de Casimir Delavigne et de Victor Hugo !

Arsène croit faire un rêve.

Soudain quelqu'un l'aborde avec un cri joyeux. C'est le jeune Hollandais qui loge à l'hôtel de Malte.

— Il ne les a pas emportées, le brigand; mais peu s'en est fallu! dit-il à Arsène. Par bonheur j'étais là, sans quoi vous n'auriez plus ni sac de nuit ni valise.

L'explication fut courte.

Pendant que notre poëte s'égarait dans le labyrinthe des rues de la Cité, l'homme aux deux femmes et aux deux logements, persuadé que son compagnon de diligence ne retrouverait pas de sitôt sa route, avait été réclamer les malles.

Paul Van der Heyl, présent à cette réclamation et très-affligé de ne pas avoir pour voisin de chambre Houssaye, dont la physionomie lui avait été sympathique de prime abord, conseilla au maître du garni de ne point obtempérer aux exigences du personnage.

De là, discussion, lutte, appel de la police et empoignement immédiat de l'ami des hauts barons littéraires, qui fut reconnu sur l'heure pour un filou de premier ordre, très-habile à exploiter, dans un rayon de trente à quarante lieues, les enfants prodigues arrivant à Paris.

Arsène et Van del Heyl regagnèrent la rue Saint-Jacques, bras dessus bras dessous, comme d'anciennes connaissances.

Il se trouva justement que Paul s'occupait aussi de littérature.

Le soir même, il présentait à son nouvel ami un jeune homme pâle, au front chargé de tristesse, et dont la voix était empreinte d'une étrange amertume.

C'était Hégésippe Moreau.

Déjà, pour ce poëte prédestiné au malheur, commençait la lutte avec le travail stérile et la misère, lutte impitoyable, qui brisa l'athlète et conduisit à l'hospice de la Charité l'auteur du *Myosotis*.

On montre encore aujourd'hui le lit où il a rendu le dernier soupir.

> Sur ce grabat, chaud de mon agonie,
> Pour la pitié je trouve encor des pleurs;
> Car un parfum de gloire et de génie
> Est répandu dans ce lieu de douleurs.
> C'est là qu'il vint, veuf de ses espérances,
> Chanter encor, puis prier et mourir;
> Et je répète, en comptant mes souffrances:
> Pauvre Gilbert, que tu devais souffrir!

Arsène Houssaye, dans son *Voyage à ma fenêtre*[1], a écrit sur Moreau des pages pleines de larmes:

[1] C'est un de ces livres où l'écrivain pense et rêve

Pauvre lui-même alors, et ne recevant rien de ses parents, il cherchait, comme Hégésippe, à vivre de sa plume, et ne pouvait donner au poëte qu'un serrement de main fraternel.

Devenu, depuis, si passionné pour l'art, notre héros ne le respectait guère à cette époque.

Il travailla d'abord avec Paul à un monstrueux et sinistre mélodrame, plein de meurtres et d'adultères. Nos deux

tout haut, sans paraître songer qu'il sera lu, et où il se peint lui-même dans toute la sincérité de son âme et de son cœur. Il en résulte quelque désordre dans l'ensemble de l'ouvrage ; mais ce désordre même devient un attrait. Le *Voyage à ma fenêtre* est une sorte de Babel poétique dont les chapitres ne s'entendent pas entre eux et parlent chacun une langue différente, sans tumulte et sans désaccord. Il y a de tout dans ce livre, du roman, de la philosophie, de la politique et des vers.

amis le destinaient au boulevard du crime.

La pièce n'eut jamais les honneurs de la rampe.

Voici tantôt vingt-deux ans qu'elle dort au fond du secrétariat de la Gaîté, où M. Hostein vient de la découvrir toute poudreuse, mais dans un état parfait de conservation, et sans que les rats en eussent grignoté une ligne.

On affirme que le malin directeur va mettre à l'étude le mélodrame de MM. Arsène Houssaye et Van del Heyl. Que pense de la plaisanterie monsieur le commissaire impérial près la Comédie-Française?

Mais rattachons nos fils biographiques.

Paul et Arsène, voyant que le théâtre

était d'un abord impossible, cherchèrent à gagner quelques écus par d'autres moyens. Ils composèrent pour les chanteurs de carrefours des couplets plus ou moins patriotiques et plus ou moins galants, qui se vendirent à merveille, grâce à ce titre pompeux qu'on avait soin d'imprimer en lettres saillantes au frontispice de la feuille :

CHANSONS *à la manière de M. de Béranger.*

Notre héros, en dehors de ce commerce, peu littéraire, mais lucratif, s'occupait d'études sérieuses. Il suivait avec beaucoup d'assiduité les cours du Collége de France, où le poëte Andrieux enseignait les belles-lettres et terminait sa carrière de professeur à peu près avec autant de succès que M. Sainte-Beuve commence aujourd'hui la sienne.

Le père Tissot lui-même, cet académicien aux mœurs saugrenues, ce Nestor de la littérature mendiante, n'était point encore descendu de sa chaire.

Houssaye le rencontrant, un jour, bien longtemps après l'époque où nous en sommes de cette histoire, lui dit avec une certaine émotion :

— Vous me rappelez, mon cher monsieur Tissot, mes premières années de jeunesse, d'étude et de misère. C'est vous que j'ai entendu le premier au Collége de France.

— En vérité ! s'écria le vieil académicien. Je vous ai porté bonheur, prêtez-moi cinq cents francs.

Arsène les lui prêta.

Mais il ne revit plus le père Tissot.

Le créancier se gardera bien d'aller lui réclamer sa dette chez le diable, où pourtant il ne manque pas d'huissiers.

Honteux de voir sa muse courir les rues et chanter avec accompagnement d'orgue de Barbarie, Arsène Houssaye noua d'autres relations.

Il connut Théophile Gautier dans les salons du Louvre, où cet intrépide admirateur de la forme passait des journées entières à contempler une Suzanne au bain.

Par Théophile arriva tout naturellement la connaissance de Gérard de Nerval, puis celle d'Ourliac, de Roger de Beauvoir, de Clésinger, d'Alphonse Esquiros, de Célestin Nanteuil, de Camille Rogier, de Marilhat, tous poëtes, peintres, sculpteurs, grands amis de la beauté plastique, et païens jusqu'au bout des ongles.

Cette pléiade d'artistes, qui fraternisait de toutes les façons, par l'âge, par les goûts, par les doctrines, et surtout par le manque d'argent, résolut de loger sous le même toit, de mettre en commun sa misère et de marcher résolûment à la gloire en phalange serrée.

Dans une espèce de ravin, creusé entre le Louvre et le Carrousel, descendait alors une rue étroite, perpendiculaire à la Seine. et dont les maisons, vieilles et noires, portaient en architecture le cachet du XVIe siècle.

Or, ce fut dans l'une de ces respectables demeures que nos associés abritèrent leurs pénates.

Le propriétaire, sans défiance, leur offrit le plus vaste de ses appartements, et ne tarda point à s'en repentir, lorsqu'il vit emménager ses locataires.

Nos artistes avaient très-peu ou point de meubles ; mais, en revanche, ils encombrèrent le logis d'une quantité de paperasses, de livres, de cartons et de chevalets.

Devant leurs fenêtres s'étendait un grand jardin inculte, garni d'arbres aux branches folles et luxuriantes.

Cinq ou six chevaux, deux vaches et quatre ânesses paissaient en liberté le gazon vert, à l'ombre de cette forêt vierge. Des poules conduites par un sultan bien crêté, ferme sur ses ergots, gloussaient en appelant leurs poussins et cherchaient pâture autour des quadrupèdes, en compagnie d'un régiment d'oies, de canards, de pintades, et d'un gros porc qui labourait les plates-bandes.

On eût vraiment dit que l'arche diluvienne s'était arrêtée au centre même de Paris, comme sur un autre mont Ararat, pour y déposer son contenu.

Aujourd'hui le ravin est comblé, la rue est démolie, et le Louvre étend majestueusement sur la forêt vierge une de ses ailes de pierre.

Gérard de Nerval, à cette époque, venait de palper un héritage.

Presque en même temps le père d'Arsène, un peu réconcilié avec son fils et la littérature, envoie rue du Doyenné quelques billets de cinq cents francs, et l'abondance règne tout à coup dans ce phalanstère avant la lettre.

Les peintres se piquent d'honneur. Armés de leurs pinceaux, ils peignent à fresque tous les plafonds et couvrent les boiseries de chefs-d'œuvre.

On a bientôt un salon splendide, où Roger de Beauvoir amène les plus jolies actrices du Vaudeville et les danseuses les plus légères de la rue Lepelletier. Tout cela frétille et se trémousse aux accords d'un bruyant orchestre.

Gautier fait rendre un décret rigoureux. On décide à l'unanimité que les femmes maigres seront exclues de la réunion.

Cet apôtre du paganisme prêchait là ses doctrines et les faisait généralement adopter.

Nous ne voudrions pas ici trancher mal à propos du moraliste austère. Il y avait certes, chez tous ces jeunes gens, un véritable amour du style et de précieuses qualités artistiques; mais il leur manquait le sentiment chrétien, sans lequel on marche toujours à tâtons, même dans le sentier de la gloire. C'était une troupe d'Athéniens folâtres, qui, se croyant encore au temps de Périclès, philosophaient gaiement sous les marbres du Prytanée, se couronnaient de roses, et dénouaient la ceinture de leur tunique flottante pour courir chez Aspasie.

Après avoir reculé de vingt-trois siècles dans leurs mœurs et dans leurs croyances, il leur fallut, un jour, sortir de ce rêve.

L'un d'eux, Édouard Ourliac, se réveilla dans la religion. Ce fut le plus sage.

Esquiros se réveilla dans la politique. Ce fut le plus imprudent.

D'autres se réveillèrent au sein du matérialisme, avec la science de vivre. Ils rognèrent les blanches ailes de la muse, et vécurent en plein dans leur époque, à l'ombre d'un patronage industriel.

Ce furent les plus heureux, si l'on raisonne au point de vue du siècle.

Un seul voulut continuer le rêve. C'était le plus naïf et le plus candide, une belle âme, qui se blessa cruellement aux angles de l'égoïsme! une noble intelligence qui ne sut pas marcher, en s'appuyant sur le bâton de la foi!

Gérard de Nerval se réveilla dans le suicide.

La vie de bohême dura quatre ans, de 1833 à 1837, et M. Henri Murger n'en est pas l'inventeur, comme jusqu'ici beaucoup de personnes ont paru le croire. Il a succédé dignement aux bohémiens de la rue du Doyenné; mais ce n'est point un chef de dynastie.

Nous serions injuste de ne pas signaler Arsène Houssaye et Théophile Gautier comme les promoteurs uniques d'une autre Renaissance.

Gautier fouilla dans le moyen âge. Il sut y retrouver en tableaux, en sculptures, en meubles et en bijoux d'inappréciables trésors, que l'art moderne se hâta de lui arracher des mains pour en faire ses modèles.

Sans remonter aussi loin dans les siècles, Arsène Houssaye rendit à la mode les meubles en bois de rose et toutes ces futilités adorables qui ornaient le boudoir de nos aïeules ; il remua les toiles poudreuses cachées dans les recoins du bric-à-brac ; il tira des ténèbres et remit au grand jour les Watteau, les Boucher, les Vanloo, menacés de dormir éternellement sous la tombe avec les Amours joufflus, les bergères poudrées, les falbalas et les talons rouges.

Ses œuvres tout entières sont consacrées à maintenir la résurrection du Louis XV et du Pompadour.

A son arrivée à Paris, notre héros avait dix-sept ans. Il appartient à cette époque hâtive, où beaucoup de jeunes talents, pour avoir fleuri trop vite, sont tombés de l'arbre et n'ont pu mûrir. Arsène-Houssaye néanmoins est un de ceux qui restent sur la branche.

Il a publié, vers 1835, la *Couronne de bluets*, roman paradoxal, plus recommandable par la beauté du style que par la philosophie qu'il prêche.

Devinant qu'un romancier venait de naître, un des principaux libraires de Paris, proposa (ceci est de l'histoire) à l'auteur de la *Couronne de bluets* de lui acheter un second roman, qui avait pour titre *la Pécheresse*, et de le payer en livres.

— Bien obligé, répondit Arsène, je paye mon propriétaire en francs!

Il est bien entendu qu'il n'était pas question de livres-monnaie. L'éditeur matois avait à se débarrasser d'un fonds de magasin.

Un autre libraire, ami des lettres, mais qui s'est ruiné, M. Desessarts, acheta le second livre d'Arsène Houssaye à beaux deniers comptants, et, deux jours après la publication de ce nouvel ouvrage, l'auteur reçut de sa majesté le roi des critiques cette agréable missive, consignée dans l'ancien *Figaro*.

« Venez me voir ; j'ai lu de vous un livre charmant, dont je raffole.

« JULES JANIN. »

Le jeune romancier, comme on se l'imagine, eut hâte de se rendre à l'invitation de l'illustre père de *l'Ane mort*.

Il le trouva, rue de Tournon, en tête à tête avec la noble fille de Bosio.

— Madame, dit Jules, en présentant Arsène, voici un homme qui sait faire de ravissantes *pécheresses*, et qui cependant ne vous a point prise pour modèle !

Inutile de dire qu'il se servit d'un terme beaucoup plus expressif.

Janin reçut de la marquise par devant témoins (Roqueplan assistait à la scène) le plus joli soufflet, que main fine et rose puisse appliquer sur une face masculine.

Voilà de quelle manière originale Houssaye lia connaissance avec le grand feuilletoniste des *Débats*.

A cette époque heureuse, les saint-simoniens proclamaient l'émancipation de la femme.

Ils accueillirent avec beaucoup d'enthousiasme le roman d'Arsène, qui était une sorte d'apologie de leurs doctrines.

Thoré déclara *la Pécheresse* un chef-d'œuvre.

Émile Barrault noya de larmes d'attendrissement tous les chapitres du livre, et le Mapah, ce pape schismatique de l'église saint-simonienne, déclara que le jeune auteur irait fort loin dans l'application des doctrines de l'amour libre.

Arsène écrivit seize ou dix-huit autres volumes de romans pour Desessarts[1], quelques-uns avec la collaboration de Jules Sandeau.

Ses poésies, publiées en 1852, par l'éditeur Victor Lecou, ne font pas éclater une verve trop chaleureuse ; néanmoins elles sont empreintes d'un cachet remarquable de délicatesse et de grâce.

Nous ouvrons le volume au hasard.

LE POÈTE.

Violettes embaumant le sentier du moulin
Où flottait le berceau de mes jeunes années,

---

[1] Ce sont les *Aventures galantes de Margot*, — *le Serpent sous l'herbe*, — *la Belle au bois dormant*, — *Millo et Marie*, — *les Revenants*, — *Madame de Vaudeuil*, — *les Trois Sœurs*, — et *les Onze Maîtresses délaissées*, recueil de nouvelles, où les inventeurs de *la Vie de Bohême* et de *la Dame aux camélias* ont pu trouver des inspirations.

Je ne vous trouve plus.

LES VIOLETTES.

Dans un corset de lin,
Sur un sein palpitant l'Amour nous a fanées.

LE POETE.

O ruisseau qui baignais son petit pied charmant,
Rossignol qui chantais sous la verte ramure,
Vous ne dites plus rien.

LE ROSSIGNOL ET LE RUISSEAU.

C'est pour un autre amant
Que le rossignol chante et que l'onde murmure.

LE POETE.

Aubépine fleurie où je cueillais souvent
Un bouquet pour Cécile au beau temps de ma vie,
Qu'as-tu fait de ta fleur?

L'AUBÉPINE.

Hélas! un mauvais vent,
Le vent d'orage, un soir de mai, me l'a ravie.

LE POETE.

Mais toi, belle Cécile, âme de mes vingt ans,
Blonde moisson d'amour que je n'ai pas fauchée,
Cécile, où donc es-tu?

CÉCILE.

Mon ami, je t'attends
Dans le jardin sauvage où la mort m'a couchée.

Sans avoir ni la puissance de Victor Hugo, ni l'originalité de l'auteur d'*Albertus*, Arsène Houssaye tient son rang parmi les poëtes du jour. Il reste, si nous pouvons nous exprimer de la sorte, dans la poésie de sa nature, c'est-à-dire dans la poésie blonde, mélancolique et rêveuse. Il n'est pas doué du timbre éclatant du rossignol ; mais il a les suaves et limpides mélodies de la fauvette.

De plus en plus enthousiaste des arts, il fit, en 1840, une excursion sur la vieille terre hollandaise, afin de s'y noyer les yeux dans la lumière de Rembrandt et de Rubens.

Choisi déjà, depuis deux ans, par la *Revue de Paris* pour les comptes-rendus de l'exposition de peinture; il les continua jusqu'en 1843, époque où il acheta l'*Artiste*, que ce malheureux Achille Ricourt avait fondé et fondu.

Sous la direction d'Arsène Houssaye le journal prit son véritable essor. Il devint une Revue élégante, où le crayon rivalisait avec la plume de verve et de style.

Une pléiade de jeunes écrivains, les uns déjà connus, les autres avides d'illustration, Gérard de Nerval, Marc-Fournier, Pierre Malitourne, Esquiros, Paul Mantz, et plus tard Henri Murger, Champfleury, Charles Monselet, André Thomas, se groupèrent autour du rédacteur en chef.

Celui qui se distingua le plus, après

Gérard de Nerval, fut Marc-Fournier, vive intelligence, aujourd'hui fourvoyée hors du domaine des lettres ; rare esprit, perdu pour le style, et qui, trop tôt fatigué de la lutte, s'est jeté dans l'industrialisme.

L'auteur de *Sylvie* a été trouvé sans souffle rue de la Vieille-Lanterne.

Cherchez au fond des coulisses de la Porte-Saint-Martin, vous y trouverez l'auteur de *la Fille des morts* et de *la Sultane des fleurs* épelant avec M. Boutin de la prose de mélodrame.

Autre genre de suicide.

La direction de l'*Artiste* [1] n'empêchait point Arsène Houssaye de collaborer à

---

[1] Lorsque M. Arsène Houssaye fut nommé directeur du Théâtre-Français, il confia le journal à deux

la *Revue de Paris*, où il commença, vers 1844, cette charmante galerie de *Portraits du dix-huitième siècle* qui restera comme un modèle du genre [1].

Notre excellent docteur Véron trônait alors au *Constitutionnel*.

Vivantes ou mortes, les actrices ont toujours affriandé le personnage. Il trouva qu'Arsène avait admirablement

de ses collaborateurs les plus distingués, MM. Pierre Malitourne et Paul Mantz. Aujourd'hui l'*Artiste* est heureusement dirigé par M. Édouard Houssaye.

[1] L'ouvrage a deux énormes volumes, format Charpentier, publiés par Victor Lecou. Un troisième volume, avec ce titre : *Philosophes et Comédiennes*, complète la collection. M. Philoxène Boyer a écrit sur ces livres un article critique fort remarquable, dans lequel nous trouvons cette phrase : « Arsène Houssaye est un Cagliostro littéraire, qui a dansé le menuet avec madame de Pompadour et qui valse avec mademoiselle Rachel. » C'est peindre un homme d'un seul coup de pinceau.

esquissé les gracieuses et spirituelles figures de Sophie Arnould et de la Guimard.

— Si je m'en rapporte à ce que j'éprouve, pensa-t-il, voilà qui doit ragaillardir le *Constitutionnel* et ses abonnés!

Le jour même, Houssaye reçut avec la carte du docteur une lettre qui l'invitait à passer au bureau de la rédaction.

— Que gagnez-vous à la *Revue de Paris*? Fort peu de chose, n'est-il pas vrai? lui demanda l'admirateur des actrices. Quant à la *Presse* où vous travaillez quelquefois, elle n'est pas généreuse. Girardin paye Théophile avec ce qu'il enlève aux autres. C'est un système! Si je vous prends tous vos *Portraits*, que voulez-vous par feuilleton ?

— Cent francs, dit Arsène.

— Je vous en donne cent cinquante. Touchez là, c'est marché conclu ! Allons dîner chez Vefour.

Assez émerveillé de ces allures de nabab, Houssaye descendit avec le docteur. Une voiture magnifique était à la porte. Ils y montèrent.

— Avez-vous des chevaux? dit Véron au jeune écrivain.

— Non vraiment ; je n'ai pas même de quoi aller à pied.

— Raison de plus pour avoir équipage.

— Et le marchepied ?

— Le marchepied ? il est partout. Croyez-moi, ayez des chevaux, mon cher, cela stimule. Vous vous occupez toujours au moins de gagner l'avoine qu'ils mangent. Les gens qui marchent, n'arrivent jamais.

O philosophie du siècle, voilà de tes apôtres !

Arsène Houssaye ne se laissa séduire qu'à demi par ces triomphantes maximes. Il a voiture au moment où nous écrivons ; mais il va à pied

En 1846, il obtint la croix pour une *Histoire de la peinture flamande* [1], œuvre très-remarquable d'ailleurs, et qui se vendit à un si grand nombre d'exemplaires, qu'on pourrait coller un billet de

---

[1] Avant de publier cette histoire, il retourna une seconde fois en Hollande, et visita tous les musées de l'Allemagne, de l'Italie et de la Sicile.

banque sur chaque page du livre sans dépasser le chiffre des bénéfices qu'il a produits.

Un autre écrivain, M. Alfred Michiels, auteur d'une histoire analogue, jeta des clameurs furieuses, traita de plagiaire Arsène Houssaye, et lui lança dans les jambes deux brochures accusatrices.

Toujours on nous a vu prendre la défense de la moralité littéraire.

Nous avons sous les yeux les pièces du procès, desquelles il résulte que deux historiens, puisant à la même source et compulsant les mêmes matériaux, doivent nécessairement se rencontrer sur le terrain neutre de la recherche.

Or, à aucune époque, ceci n'a été du plagiat

M. Michiels le comprit si bien lui-même qu'il ne s'adressa point aux tribunaux ; la sentence eût été rendue contre lui.

Ce fait seul de provoquer le scandale, au lieu d'en appeler à la justice des lois, dénote une mauvaise cause et justifie complétement l'historien de la peinture flamande, qui, Dieu merci, n'a pas les habitudes de piraterie littéraire et l'audace d'exploitation du père de *Monte Cristo*.

Arsène Houssaye est un esprit silencieux, qui a les bavards en horreur profonde. Il répète souvent ces belles paroles de Pythagore :

« Taisez-vous, ou dites quelque chose qui vaille mieux que le silence. »

Il ne prépare pas tous les matins, comme beaucoup de personnages connus, les bons mots qu'il fera dans la journée. Ses reparties spirituelles ne trahissent ni la prétention ni la recherche; elles partent à l'improviste et sont de bon aloi.

Un soir, voyant glisser une lettre dans le corsage d'une comédienne, il s'écria :

— C'est un billet sous seing privé !

Lorsque Émile Deschamps voulut entrer à l'Académie française, il eut d'abord la promesse de douze voix; puis il descendit à quatre, et finit par n'en avoir plus que deux.

—Pauvre Emile Deschamps, quelle extinction de voix! dit Arsène.

Dans un dîner offert aux gens de lettres par M. de Salvandy, chacun parla tour à tour de sa manière de travailler.

— Moi, s'écria l'auteur d'*Alonzo*, je travaille la nuit. Quatre heures de sommeil me suffisent.

— Ah! monsieur le ministre, dit Arsène, vous présidez si souvent le conseil de l'Université!

Nous pourrions rappeler vingt traits de ce genre, surtout le mot célèbre, prononcé dans la loge d'un illustre personnage, au sujet d'une comédienne.

Que ceux qui le savent le racontent.

Marié, en 1847, à une femme charmante[1], riche, heureux dans sa maison,

[1] Madame Houssaye est morte, il y a trois mois, d'une maladie de cœur, laissant pour consolation à

avec une renommée assez étendue, ayant
en face de lui une large et féconde carrière, Arsène Houssaye fit un faux pas,
qui pouvait le conduire à un abîme.

Le diable rouge le saisit aux cheveux,
l'emporta sur la montagne politique, et
lui dit :

— Regarde ! voilà devant toi le chemin de la chambre, plus loin celui du
ministère. Députation, portefeuille, tout
cela va t'appartenir si tu m'adores !

Et notre écrivain se prosterna devant
le diable rouge.

Déjà les banquets étaient organisés,
l'horizon se couvrait d'un nuage sombre. Arsène fut un de ceux qui appelè-

son mari désespéré le plus bel enfant de la terre, une
vraie tête de Greuze, un fin pastel de Latour.

rent la tempête. Le souvenir de son aïeul électrisa chez lui la fibre démocratique. Il harangua les étudiants picards et champenois au Château-Rouge, en leur rappelant qu'ils avaient l'honneur d'être du même pays que Condorcet, Camille Desmoulins et Saint-Just. Bref, il coiffa sa tête blonde du bonnet phrygien, et n'alla plus dîner à Vincennes, chez le duc de Montpensier.

Beaucoup de cœurs droits, beaucoup d'esprits sages attendaient avec confiance, l'ère nouvelle et le progrès qui en devait naître.

Mais cette illusion fut courte.

L'heure de la république sonne à la grande horloge révolutionnaire.

Houssaye fonde un club, se jette dans

le mouvement, et recule presque aussitôt avec épouvante.

Qu'a-t-il vu? quel fantôme a tout à coup refroidi son enthousiasme? pourquoi retire-t-il brusquement la main qu'il allait tendre aux frères et amis?

Nous croyons pouvoir vous le dire.

Il y avait, à cette époque, deux espèces de républicains, ceux qui étaient honnêtes et..... vous connaissez les autres.

Or, on a de l'ambition, c'est possible; mais on n'est pas toujours d'humeur à lui sacrifier la conscience.

Arsène croyait saluer une aurore, et n'apercevant au ciel qu'une comète éteinte, il se hâta de faire volte-face et de tourner le dos à cet astre vieilli, dont les lueurs incertaines menaçaient de n'éclairer que des ruines.

Du théâtre où il se disposait à jouer un rôle, il sauta dans le parterre, se fit public, et siffla cette méchante parodie de 93, qu'on essayait de donner pour une pièce nouvelle.

Notre héros envoya paître son diable rouge avec la députation et le porte-feuille.

Il reprit la plume et commença l'*Histoire du 41ᵐᵉ fauteuil de l'Académie.*

A cette époque, le Théâtre-Français était livré à l'anarchie. On songeait à mettre à sa tête un homme conciliant qui pût y ramener l'ordre.

Un officier d'état-major entre, un soir,

chez Houssaye pour le prévenir qu'il est attendu à l'Élysée.

Là se trouvent réunis, en conseil *littéraire*, mademoiselle Rachel, le colonel Fleury et M. Véron.

Cette trinité puissante accueille affectueusement notre héros. Elle lui annonce qu'à partir de ce jour il est directeur de la Comédie-Française. Le lendemain, sa nomination paraît au *Moniteur*.

Jugez du désespoir des sociétaires qui, en pleine république, reçoivent un maître.

On se rassemble, on s'agite, on crie au scandale. Tous les échos de la rue Richelieu retentissent de gémissements, d'imprécations et de blasphèmes.

— Il faut résister! disent les plus hardis.

Cette opinion triompho.

Au seuil du royaume qu'on lui donne à gouverner, Houssaye trouve un noir personnage qui lui présente, sur timbre, une sommation parfaitement en règle, et contenant défense expresse au dit sieur Houssaye, *parlant à sa personne*, d'avoir à s'immiscer dans les affaires du théâtre.

Arsène appelle aussitôt le concierge, le met en face de l'huissier, les laisse ensemble, et passe outre.

Il vaqua sur l'heure, et quels que fussent les risques, à sa besogne administrative.

On souleva, dans le comité suivant,

cette question aussi bizarre que puérile :
« Devra-t-on, lorsque le directeur saluera un sociétaire, lui rendre sa politesse ou garder le chapeau sur la tête? »

— Messieurs, dit Leroux, je ne suis pas assez mal élevé pour prendre part à ce débat!

Là-dessus, il quitte la salle des délibérations.

En attendant, notre directeur donnait au théâtre une activité prodigieuse.

Il essaya d'infiltrer un sang nouveau dans les veines de ce vieux corps, usé par la routine, et le fouetta pour le contraindre à quitter l'ornière des deux derniers siècles, où le retenaient certaines traditions obstinées. Les anciens costumes allèrent à la friperie. De frais et pompeux décors tombèrent des frises, et la salle restaurée dans le goût moderne prit un air de fête et de jeunesse, qui émerveilla le public et ramena la foule dans les loges désertes [1].

Au bout de la première année, messieurs les sociétaires, qui, de temps immémorial, n'avaient été conviés à aucun partage de fonds, reçurent une lettre collective, qui les appelait, dans

[1] L'administration Buloz avait mis tous ses œufs dans le panier de Rachel. Il en résultait que le caissier palpait deux recettes par semaine, rien de plus. Arsène Houssaye, donnant des pièces nouvelles et ressuscitant le répertoire enterré, parvint à remplir la salle, même quand Hermione ne jouait pas. On finit par comprendre, tout engouement à part, que Samson, Régnier, Provost, mesdemoiselles Brohan, Denain, Fix, etc., ont autant de valeur dans la comédie que mademoiselle Rachel dans la tragédie.

le salon des Frères Provençaux, à un dîner somptueux, offert par le jeune directeur.

Les rancunes étaient déjà beaucoup moins violentes. Ils se rendirent à l'invitation.

—Messieurs, dit Arsène en ouvrant un portefeuille, vous avez, depuis dix mois que j'administre, cinquante mille écus de dettes éteintes, et voici cent mille francs que vous pouvez vous partager à l'instant même. (*Applaudissements prolongés.*)

Dès ce jour, il eut toutes les sympathies de nos ex-démocrates.

Et quels coups de chapeau !

Vers la fin de la semaine, on parla de

rendre le banquet. Une députation de sociétaires entra chez le directeur, le priant de choisir un jour.

— Demain, si bon vous semble, répondit celui-ci. Mais, entendons-nous, je n'accepte qu'à une condition:

— Laquelle?

— Vous m'inviterez par huissier, et sur timbre.

C'était une spirituelle et bien douce vengeance.

Aujourd'hui Arsène Houssaye, avec son calme et sa barbe héroïque, semble passer à l'état de fonctionnaire inamovible.

Secondé par Jules Verteuil, son habile secrétaire général, il continue de faire marcher le théâtre sur la route de la prospérité.

Verteuil, — qu'on nous permette d'ouvrir pour lui une parenthèse, — est le personnage le plus important de l'administration après le directeur.

C'est un premier ministre qui n'a au-dessus de lui que le roi.

Sans cesse il est entouré d'auteurs qui le flagornent et de jolies actrices qui lui prodiguent le sourire et l'œillade.

Heureux homme !

Dire ce que ses oreilles, en un jour, peuvent entendre de paroles flatteuses; raconter toutes les mignardises, toutes les chatteries de ces dames à son endroit, serait vraiment chose impossible.

Que de petites mains blanches viennent

se poser dans la sienne ! que de robes soyeuses font entendre autour de son bureau leur sémillant frou-frou !

« — Mon cher Verteuil par-ci ! mon petit Verteuil par-là ! »

C'est un jour de lecture qu'on voudrait fixer ; c'est une excellente loge dont on aurait besoin.

Verteuil règle la lecture sur l'ordre immuable des registres et donne la loge ou la refuse selon les probabilités plus ou moins grandes de la recette.

Il est sensible aux douces paroles, il ne déteste pas le sourire, il semble flatté de l'œillade ; mais la Vénus Callipyge elle-même avec tous ses charmes ne le déciderait pas à enfreindre un seul point du règlement.

Il se montre sévère avec douceur.
Jamais une séduction ne l'entraîne. La
justice est sa loi.

Talleyrand consciencieux, diplomate
aimable, il renvoie chacun satisfait après
un refus, comme après une faveur; il
laisse autour de lui se nouer les intrigues
sans y prendre part; il permet aux rivalités-ennemies de se battre sous ses
yeux, ne juge aucune cause, n'intervient
dans aucun débat, ne se fourre dans
aucune querelle, exclusivement occupé
de ses fonctions, ferme sur la ligne du
devoir, ne blessant personne et se faisant aimer de tout le monde.

Tel est le personnage que les révolutions de la Comédie ont respecté depuis
quinze ans.

La tempête gronde, la foudre éclate, un directeur disparaît dans la tourmente. Cherchez Verteuil après l'orage, il est là, toujours là, calme et sans trouble, tenant en main le fil administratif, et prêt à servir de guide au nouveau maître dans les périlleux détours du labyrinthe.

Nous touchons à la fin de cette notice.

On nous reprochera peut-être d'avoir abusé de notre droit de digression pour dessiner quelques silhouettes étrangères à côté du personnage que nous avions à peindre. Ce serait un tort. Dans notre ciel contemporain, chaque astre a ses satellites et les entraîne forcément dans sa course.

L'auteur de *Philosophes et Comédien-*

nes compte beaucoup d'ennemis. Il s'est trouvé sur le chemin de la fortune, et la fugitive déesse a fait une halte auprès de lui.

Voilà ce qui afflige le peuple des envieux.

Arsène Houssaye a le cœur haut placé. L'égoïsme du jour n'a pas flétri son âme. Seul il a fait de nombreuses démarches pour obtenir à Gérard de Nerval une bibliothèque et la croix. Il connaissait la fierté du poëte. Sa bourse lui fut constamment ouverte ; mais Gérard n'y puisait presque jamais ; il n'aimait que l'argent gagné à la sueur de sa plume.

La chance accompagne ordinairement toutes les entreprises de M. Arsène Houssaye, qu'elles aient rapport à ses propres intérêts ou à ceux des autres.

Après les sombres journées de juin, Esquiros, compromis et porté sur les listes du conseil de guerre, se réfugia chez son ancien collaborateur.

Ledru-Rollin et Victor Hugo conseillaient à l'accusé de quitter la France.

— Non, reste, dit Arsène, je te sauverai !

Sans plus de retard, il court chez le capitaine d'Hennezel, accusateur public, homme sévère, qui ne recevait personne, dans la crainte qu'on ne fît une brèche à son esprit de justice.

Houssaye force la consigne rigoureuse de sa porte.

Mais à peine a-t-il prononcé le nom d'Esquiros que le militaire se lève brusquement et s'écrie :

— Je n'écoute rien, monsieur ! J'ai l'honneur de vous saluer.

— Cependant, capitaine....

— Pas un mot, vous dis-je !

Et, d'un geste très-significatif, il lui indique le chemin par lequel il est venu.

— Je comprends, dit le visiteur avec résolution ; mais je ne sortirai pas ainsi, je vous le jure !

— A votre aise, réplique froidement le maître du logis.

Il prend un journal et lui tourne le dos.

— Par grâce, dites-moi seulement si

l'accusé fera mieux de gagner la frontière que de paraître devant vous ?

— M. Esquiros n'est pas libre de fuir ou de rester.

— Pardon ! je sais où il est, je sais qu'il a un passe-port, je sais....

— Nous savons tout cela mieux que vous.

A ces mots le capitaine déroule une liasse, fouille dans un dossier et en retire la note suivante, écrite de la main du préfet de police :

« Quand vous faut-il Esquiros ? Il se cache rue de Lille, 98, chez le rédacteur en chef de l'*Artiste*. »

Arsène Houssaye tressaille et pousse une exclamation douloureuse. Esquiros, qu'il a cru devoir retenir à Paris, sera peut-être condamné à mort.

L'accusateur public continue de lire paisiblement le feuilleton du journal.

Tout à coup Arsène voit que ce journal est le *Constitutionnel*.

— Il est bien étrange, capitaine, dit-il avec amertume, que vous m'accordiez audience d'un côté, lorsque vous me la refusez de l'autre.

— Monsieur, que signifie?...

— Cela signifie que vous me lisez et que vous ne voulez pas m'entendre. Pourtant ce que j'ai à vous dire aujourd'hui est bien plus intéressant que ce que j'ai écrit hier.

— Alors, vous êtes M. Arsène Houssaye?

— Je croyais vous avoir décliné mon nom, capitaine.

— Du tout.... Prenez donc la peine de vous asseoir !... Je lis vos feuilletons, monsieur ; je les lis plutôt deux fois qu'une... Ils sont charmants ! Ainsi nous disons que ce pauvre Esquiros est votre ami ?... fort bien ! Choisissez pour le défendre un bon avocat, qui plaide avec le cœur et n'insiste pas trop sur la raison.

— Je lui ai déjà parlé de Nogent Saint-Laurens, dit Arsène.

— Bravo ! celui-là tire l'éloquence du fond de son âme. Il attendrira les juges, il me touchera moi-même, et j'abandonnerai l'accusation..... Mais continuez d'écrire dans le *Constitutionnel*.

— Certes oui, capitaine. J'aurais fini mon livre, que j'en recommencerais un autre exprès pour vous!

A deux jours de là, Esquiros entendit prononcer son acquittement.

On ne nous accusera pas d'avoir brodé cette anecdote. Tous les gens de lettres la connaissent et peuvent en garantir l'exactitude.

Le bonheur d'Arsène Houssaye passe en proverbe.

Jamais il ne se déconcerte devant un revers de fortune. Il sait que le nuage passera pour laisser briller de nouveau son étoile.

Au 2 décembre 1851, il acheta mille actions du Nord et de Saint-Germain, réalisa cinq cent mille francs de bénéfice avant la fin de l'année suivante, salua la Bourse qui venait de l'enrichir et se promit de n'y plus rentrer.

— Fort bien. Mais qu'allez-vous faire dans cet antre, ô poëte ?

— Que deviendrons-nous, si les Muses elles-mêmes, ces chastes vierges, alignent des chiffres et spéculent sur la rente ?

— Il fallait, objecterez-vous, gagner l'avoine de vos chevaux, et suivre le conseil du docteur.

— Allons donc !

— Ces fortunes rapides sont maudites et s'écroulent comme elles s'élèvent.

— Mais qui ne joue pas à la Bourse aujourd'hui ?

Pour être juste, toutefois, nous devons dire que l'or gagné par Arsène retombe en pluie dans la main des artistes qui l'environnent. Il a peuplé de chefs-d'œuvre, dus au pinceau moderne, son hôtel des Champs-Élysées, gracieux Eldorado, sur lequel est descendu depuis quelques mois un sombre voile de deuil, et qui pleure la mort d'une jeune femme digne de tous les regrets. L'homme heureux d'hier a jeté son anneau à la mer.

Il y a sept ans bientôt que le premier de nos théâtres est administré par M. Houssaye.

Or, qui dit Comédie-Française, dit royaume impossible à gouverner. Là, plus que partout ailleurs, l'intrigue ouvre sous vos pas une éternelle chaussétrappe. C'est la région des caresses sournoises, des jalousies souriantes, des rancunes musquées, des amours-propres câlins, qui font patte de velours, afin de mieux vous enfoncer la griffe en pleine chair.

L'ombre de Machiavel serait dans le ravissement, si elle pouvait quitter les sombres bords et venir étudier cette fine diplomatie de théâtre, ces trahisons mignonnes, ces méchancetés délicates qui se glissent, rue Richelieu, sous le manteau de la fraternité artistique.

On ne se doute pas combien la parole la plus aimable, le serrement de main le plus familier, l'œillade la plus douce y cachent parfois de mauvais vouloir et de menace.

Vous croyez marcher sur des fleurs, et l'épine vous déchire. Sous la touffe de roses un serpent vous mord.

Le plus malin s'égare et se fourvoie dans cet autre dédale où la franchise ne semble être votre guide que pour mieux vous entraîner vers le sentier des déceptions et vous échapper par les faux-fuyants de la ruse.

Un homme a réussi néanmoins à attacher le fil d'Ariane au seuil du labyrinthe, et à diriger sûrement sa marche au milieu des routes sinueuses où tant d'autres se sont perdus.

C'est toujours du bonheur, dira-t-on.

Oui sans doute ; mais un bonheur qui

se perpétue laisse croire volontiers que l'esprit y est pour quelque chose.

Un ami d'Arsène Houssaye, qui habite tour à tour Florence et Rome, vient à Paris tous les dix-huit mois. Il l'a vu tour à tour étudiant à l'hôtel de Malte, bohémien rue du Doyenné, romancier à tous crins rue des Beaux-Arts, philosophe studieux à l'extrémité déserte de la rue de Lille, poëte plus ou moins inspiré dans les bois de Bruyères, homme du monde et donnant des fêtes quai Voltaire, dans le salon même du patriarche de Ferney, puis *rephilosophant* tout en haut d'un logis à cinq étages, et enfin meublé comme un prince dans son magnifique hôtel.

Cet ami dit, en riant, qu'il n'a jamais vu d'homme plus variable en littérature, en finances et... en politique.

P. S. Depuis la publication de la 2e édition de cette biographie, M. Arsène Houssaye a obtenu un succès rapide avec son *Histoire du 41e fauteuil de l'Académie*, livre très-discuté, très-critique et finalement lu par tout le monde. Ce livre original demeurera le paradoxe de l'Académie. Bien des pages ont embarrassé le lecteur, et Béranger lui-même, venant remercier M. Arsène Houssaye, a pu lui dire : « — Quel est, de vous ou de moi, l'auteur de ma chanson ? » Car on doit savoir déjà que M. Arsène Houssaye fait prononcer un discours par tous les académiciens du 41e fauteuil. Béranger y supplée par une chanson, dont voici le dernier couplet :

Vos verts rameaux ceignent des fronts moroses ;
Il ne faut pas les toucher de trop près ;
Je veux mourir en respirant des roses,
Et vos lauriers ressemblent aux cyprès.
Roseau chantant, déjà ma tête plie,
Laissez-moi l'air, laissez-moi l'horizon !
Immortel, moi ! Mais chut ! la Mort m'oublie...
Si vous alliez lui montrer ma maison !

FIN.

N'avez-vous pas vu, drapée en chlamyde,
Une jeune femme aux cheveux ondés
Qui prend dans le ciel son regard humide,
Car elle a les yeux d'azur inondés ?

Son front souriant, qu'un rêve traverse,
N'est pas couronné, mais elle a vingt ans
Et sur ce beau front sa jeunesse verse
Verse à pleines mains les fleurs du printemps.

Mais le Ciel jaloux n'a pas attendu l'heure,
Prit à douze porteurs pour le paradis
Et mon pauvre cœur qui saigne, qui pleure
Ne me chante plus qu'un De profundis !

Arsène Houssaye